ALTE LASTER
PRITSCHENWAGEN

franckh HISTORISCHE TECHNIK

DIN CH 79
WES V 739

ALTE LASTER

PRITSCHENWAGEN

Udo Paulitz

franckh

White
1916

Hier sieht man keine Werkaufnahmen, sondern Lastkraftwagen, die sich in den achtziger Jahren noch im Einsatzdienst befanden oder von begeisterten Sammlern gehegt und gepflegt wurden. Dabei entsprechen manche Fahrzeuge allerdings nicht mehr dem Ursprungszustand, sondern es wurden durch nachträgliche Umbauten Veränderungen vorgenommen. In einigen Fällen wurden Fahrzeuge – beispielsweise durch Änderung des Aufbaus – ganz neuen Verwendungszwecken zugeführt. Aufnahmen interessanter Uralt-Lkws, Fahrzeuge aus den sechziger Jahren, österreichische und Schweizer Lastwagen runden das Bild ab.
In diesem Band werden nur Pritschenwagen vorgestellt; Fahrzeuge für andere Verwendungszwecke sollen einem zweiten Band vorbehalten bleiben.
Für Hinweise, die zur Richtigstellung evtl. vorkommender Fehler und Irrtümer führen, aber auch für Stationierungstips älterer Last- und Feuerwehrwagen (Obergrenze ca. Baujahr 1965), die dem weiteren Ausbau des Archivs dienen, bin ich der Leserschaft sehr dankbar.
Allen Lesern wünsche ich viel Freude an diesem Buch.

Udo Paulitz

Der älteste Veteran dieses Bildbandes ist dieser White-Lastwagen aus dem Jahre 1916. Das Fahrzeug wurde durch den Kriegseintritt der USA in den Ersten Weltkrieg nach Frankreich verschlagen. Das weitere Schicksal des Wagens liegt im Dunkeln, bis er in den siebziger Jahren von einem Sammler aus Engelberg/Schweiz liebevoll restauriert wurde. Das zulässige Gesamtgewicht beträgt 5,9 t und die Geschwindigkeit 22 km/h. Das mit Kettenantrieb ausgerüstete Fahrzeug besitzt einen Vierzylinder-Benzinmotor mit 30 PS. Bis auf Kleinigkeiten entspricht der Lastwagen noch dem Originalzustand.

BÜSSING
29
100 JAH

Gleich zwei altgediente Veteranen treffen wir auf diesen Seiten an. Der linke Lastwagen ist ein Büssing VG mit einem 55 PS starken Vierzylinder-Vergasermotor von 1923. Vom jetzigen Besitzer war zu erfahren, daß das Fahrzeug bis ungefähr zur Währungsreform 1948/49 bei einem Mühlenbetrieb im Raum Hildesheim im Einsatz stand. Dort wurde der Wagen (er ist noch mit Kettenantrieb ausgerüstet) auch entdeckt und seit 1978 total restauriert. Der Lastwagen hatte ursprünglich eine Hartgummibereifung, die leider für die Vorderräder nicht mehr vorhanden war.
Etwas jünger ist der Krupp Typ L 3 von 1928. Der ebenfalls 55 PS starke, für 3 t Nutzlast ausgelegte Lastkraftwagen war noch lange Zeit bei einer Molkerei im Bayerischen Wald tätig. Seit 1977 befindet sich das Fahrzeug in Privathand und wurde vom gleichen Besitzer bis auf die letzte Schraube zerlegt und wieder hergerichtet. Beide Lastwagen sind auf dem Veteranen-Fahrzeughof in Dissen/Teutoburger Wald zu bewundern.

Die Kühler der auf den vorangegangenen Seiten gezeigten Lastwagen in Großaufnahmen. Oben der des Büssing VG und auf der rechten Seite der Kühler des Krupp L 3 mit den drei Krupp-Ringen.

KRUPP

Mit 43 Jahren immer noch putzmunter im Einsatz: an einem kalten Februartag des Jahres 1979 wurde dieser Opel-Blitz-Bierwagen in Berlin-Ost im Prenzlauer Stadtbezirk fotografiert. Das Fahrzeug mit einer Nutzlast von 2 bis 2,5 t ist ein Vorläufer des bekannten Opel-Blitz 3-t-Lastwagens aus der Kriegszeit und mit einem Sechszylinder-Benzinmotor mit 64 PS bei 3417 cm^3 Hubraum ausgerüstet. Der Witterung entsprechend ist die Motorhaube mit einer wattierten Kältedecke umhüllt. In der Nachkriegszeit ist der Lastwagen umgebaut worden, denn das Fahrerhaus scheint von einem Robur Garant aus der DDR-Fertigung zu stammen.

Selbst noch Ende der siebziger Jahre konnte man in Berlin-Ost und in der DDR mit etwas Glück so manchen Vorkriegs-Lastkraftwagen vor die Linse bekommen. Dieser Opel Blitz 3 t (Baujahr 1939) stand bei einem Kohlenhändler im Berliner Stadtteil Altglienicke im Dienst. Im Gegensatz zum Fahrzeug auf der linken Seite verfügt dieser Opel Blitz bereits über eine Sechszylindermaschine mit 75 PS bei 3636 cm^3 Hubraum. Das Klappdreieck auf dem Dach des Lastwagens deutet auf Anhängerbetrieb hin. Die Aufnahme entstand ebenfalls im Februar 1979.

Parade der Lastwagen-Veteranen! Vier Oldtimer – zusammen sind die Fahrzeuge 231 Jahre alt – präsentieren sich in ihren Frontansichten. Von links nach rechts: Büssing VG von 1923, Krupp L 3 von 1928, Vomag von 1942 und Opel Blitz von 1936.

VOMAG
TY 66-79

OPEL BLITZ
IC 28-61

Die Brauerei Schützengarten in St. Gallen/Schweiz verfügte 1985 über eine ansehnliche Anzahl älterer Lastkraftwagen, die sich entweder noch im Einsatz befanden oder für Museumszwecke aufbewahrt wurden. Zum Teil waren sie – da ohne Batterien abgestellt – nicht fahrbereit und der Öffentlichkeit nicht zugänglich. Mit viel Mühe und viel Überredungskunst gelang es dann doch, die zwar total verstaubten, ansonsten aber bestens erhaltenen Fahrzeuge ins Freie zu befördern. Zu diesen Wagen zählte auch der auf der linken Seite abgebildete Saurer Typ 2 A von 1929 mit 7,5 t zulässigem Gesamtgewicht.

Leichter hatte es der Autor mit dem optimal restaurierten Saurer Typ 17/4 ST Bierwagen. Dieses herrliche, 1917 gebaute Fahrzeug, das ebenfalls der Brauerei gehörte, war voll betriebsbereit und gelegentlich als Attraktion bei Veranstaltungen anzutreffen. Der Motor leistet 45 PS bei 1300 U/min.

4
Schützengarten St.Gallen

Eine Seltenheit besonderer Art ist dieser Schweizer FBW-Kipper von 1927, der nachträglich mit einer Imbert-Holzgasanlage ausgerüstet wurde. Die Treibstoffknappheit während des Zweiten Weltkriegs zwang nicht nur Deutschland, sondern auch viele andere Staaten Europas, vorhandene Fahrzeuge auf die umständlichen, schmutzigen und wenig leistungsfähigen Holzgasgeneratoren umzustellen. Bei diesem restaurierten Fahrzeug von 8,2 t zulässigem Gesamtgewicht fällt der vor dem Motorkühler installierte Gaskühler sofort ins Auge, während der hinter dem Fahrerhaus angebrachte Generator weitgehend verdeckt ist.

Sauber restauriert bis zur letzten Schraube und voll betriebsbereit präsentierte sich der Saurer AE Kipper eines Nutzfahrzeugsammlers aus Lyssach in der Nähe von Bern/Schweiz der Kamera. Der Autor erwischte den Wagen im August 1985. Der sehr kraftvoll wirkende Hauber wurde 1925 gebaut, war also zum Zeitpunkt der Aufnahme bereits 60 Jahre alt.
Weitere technische Daten: 11 t zulässiges Gesamtgewicht, 55 PS Leistung, Höchstgeschwindigkeit fast 50 km/h.

Der Saurer Typ BLD war ein kräftiger und grundsolider Lastkraftwagen der mittelschweren Klasse, der von der Schweizer Firma in den dreißiger Jahren in größerer Stückzahl gebaut wurde. Besonders auf den Bergstrecken bewährte sich dieser Typ so gut, daß manche Fahrzeuge bis Ende der siebziger Jahre im Einsatz standen. Hier sehen wir einen im August 1985 aufgenommenen BLD aus Rothrist. Der 1936 gebaute Lastwagen ist mit Plane und Spriegel und – als Besonderheit – mit einem Seilspill am Heck ausgerüstet. Weitere technische Daten: 6 Zylinder Diesel, 110 PS, 10,6 t zulässiges Gesamtgewicht und 5 t Nutzlast.

Im Gegensatz zum Fahrzeug auf der linken Seite ist der oben abgebildete Saurer BLD schon 1934 gebaut worden und noch mit der schwächeren 95-PS-Maschine ausgerüstet. Der imposante und bullige Lkw hat die typische Schweizer Rechtslenkung, denn die Begrenzung schmaler Bergstraßen ist von der rechten Fahrerseite besser als von der linken einzusehen. Das Fahrzeug gehört der Schützengarten-Brauerei, St. Gallen, als Museumsfahrzeug an und versah mit Sicherheit noch bis in die siebziger Jahre hinein seinen Dienst, um den frischen Gerstensaft pünktlich an die durstige Kundschaft auszuliefern.

Bei einer Mercedes-Benz-Vertretung in Süddeutschland befand sich dieser im Mai 1984 fotografierte Mercedes-Benz L 3000 S Pritschenwagen aus dem Jahre 1941. Der Typ L 3000, angetrieben von einem 75 PS starken Vierzylinder-Dieselmotor, wurde ab 1939 als 3-t-Lkw in großen Stückzahlen vor allem für die Deutsche Wehrmacht hergestellt. Im Gegensatz zu seinem späteren Hauptkonkurrenten, dem Opel-Blitz-3-t, war der Typ den harten Bedingungen des Krieges weniger gut gewachsen. Deshalb erhielt das Herstellerwerk 1943 die Weisung, den Opel Blitz in Lizenz zu fertigen. In den Jahren des Wiederaufbaus war der L 3000 noch zahlreich vertreten – bis in die heutige Zeit überlebten vereinzelt nur einige Löschgruppenfahrzeuge bei Feuerwehren.

Zum Nutzfahrzeugtreffen nach Ebersbach/Fils kam im Mai 1983 auch dieser praktisch fabrikneu restaurierte Mercedes-Benz Lo 2000. Dieses Modell gab es sowohl mit Vergaser- als auch mit Dieselmotor, und es war der erste in größerer Serie produzierte leichte Diesel-Lastkraftwagen in Deutschland überhaupt. Mit Dieselmotor erreichte der für 2 t Nutzlast ausgelegte kleine Lkw eine Höchstgeschwindigkeit von 60 km/h, mit Vergasermotor war er sogar noch um 5 km/h schneller. Beide Motoren hatten vier Zylinder, 55 PS und 3770 cm³ Hubraum. Hergestellt wurde der Lo 2000 in der Zeit von 1932 bis 1937.

Bierbrauerei Schützengarten
SAURER-DIESEL
6

Auf dieser Doppelseite soll ein besonders imposanter und formschöner Schweizer Lastwagentyp der vierziger Jahre vorgestellt werden: der Saurer Typ 4 C. Unter der gewaltigen, langen Haube verbergen sich 100 PS bei einem Hubraum von 7980 cm^3. Der mit einem Sechszylinder-Dieselmotor versehene Lastwagen hatte ein zulässiges Gesamtgewicht von 12 t und wurde mit kleinen Änderungen bis in die fünfziger Jahre – auch als Omnibusfahrgestell – gebaut. Der Saurer links im Bild ist wiederum ein Museums-Bierwagen der Schützengarten-Brauerei, St. Gallen, aus dem Jahre 1941. Das rechte Fahrzeug – ein Saurer 4 CT 1 D Baujahr 1942 – wird als Armee-Lastwagen bei der Kriegsmaterialverwaltung Rothenburg erhalten. Der Lastkraftwagen ist zusätzlich mit einer Frontplatte vor der Stoßstange versehen, an der im Winter eine Schneeräumeinrichtung befestigt werden kann; Aufnahmedatum: August 1985.

Der Lastwagen-Hersteller Vomag aus Plauen/Vogtland dürfte manchem jüngeren Leser kaum noch geläufig sein, denn das Unternehmen existiert als Lkw-Produzent seit 1945 nicht mehr. Dabei mischte Vomag bei der Lastwagenfertigung in den dreißiger Jahren auf dem deutschen Markt kräftig mit. Anfänglich produzierte die Firma Lastwagen mit konventionellen Antrieben, spezialisierte sich aber während der Kriegszeit auf Holzgasantrieb. Im Juli 1981, als diese Aufnahme entstand, existierten wohl nur noch wenige Exemplare dieser selten gewordenen Marke in der DDR. Der Lkw, Baujahr 1942, ist für 4,5 t Nutzlast ausgelegt und wurde 1968 komplett umgebaut. Das ursprüngliche Vierzylinder-Aggregat wurde durch eine IFA-H-6-Maschine mit 120 PS ersetzt.

Noch älter – Baujahr 1935 – ist der Büssing-NAG 502, der sich an einem Julimorgen des Jahres 1983 der Kamera präsentierte. Der Besitzer war entgegenkommenderweise bereit, das Fahrzeug schon vor 7 Uhr an einem Samstag herauszufahren. Das seltene Stück gehört einem Speditionsbetrieb in Hausach/Schwarzwald, der den Lastwagen noch bis Ende der sechziger Jahre im Nahverkehr einsetzte. Ausgelegt war der Büssing-NAG 502 für 6,5 t Nutzlast, die er mit einer Höchstgeschwindigkeit von 68 km/h befördern konnte. Der gewaltige Sechszylinder-Dieselmotor hat einen Hubraum von 13539 cm^3 und leistet 120 PS bei 1600 U/min.

Der zweite Vomag, den der Autor 1981 in der DDR aufnehmen konnte, war dieses Prachtexemplar vom Typ 4,5 LH 6 aus dem Jahre 1942. Der ursprünglich mit einer großvolumigen Vierzylindermaschine von 11084 cm³ und 100 PS motorisierte Lastwagen war serienmäßig mit einer Holzgasanlage versehen worden. Das Fahrzeug, äußerlich nahezu im Originalzustand, wurde nach 1945 auf Dieselbetrieb umgestellt. Im Gegensatz zu den meisten Fahrzeugen mit Holzgasantrieb war der Generator bei Vomag in dem hinteren geschlossenen Fahrerhausanbau integriert. Nach Aussage des Fahrers hatte der schwere Bolide schätzungsweise 4,5 Millionen Kilometer auf dem Buckel!

Sehr solide und robust war auch der MAN ML 4500 S, ein 5-t-Lkw, der 1940 bis 45 in rund 4000 Exemplaren »vom Band« lief. Den mit einem Sechszylinder-Diesel von 110 PS bei 1900 U/min bestückten Latwagen gab es auch als Allradversion mit 4,5-t-Nutzlast in erster Linie für die Wehrmacht. Diese wurde nur bis 1944 gebaut. Bei einer Höchstgeschwindigkeit von 63 km/h betrug der Verbrauch 25 Liter auf 100 Kilometer. Der abgebildete Wagen – mit Anhänger – begegnete dem Autor im Juli 1978 zufällig in Berlin-Ost auf der Schönhauser Allee als Bierwagen für eine Brauerei. Die seitlichen Motorlüftungsklappen waren leider nicht mehr vorhanden.

Sehr verbreitet war der Mercedes-Benz 4,5-Tonner L 4500 S, der sich während des Krieges sehr bewährte und auch noch in den ersten Nachkriegsjahren als L 4500 in kleinen Stückzahlen produziert wurde. Die Motorleistung betrug 112 PS. Obige Aufnahme zeigt ein komplett restauriertes Exemplar, das – 1947 gebaut – ursprünglich als Holztransporter mit Nachläufer diente. Der Besitzer arbeitete das Fahrzeug vollständig auf und baute den Wagen als Pritschenwagen um, der mit Plane und Spriegel versehen wurde. Das aus Holz gefertigte Einheits-Fahrerhaus entsprach der in den letzten Kriegsjahren gebauten Ausführung. Hier konnte man den Lastwagen beim Warsteiner Nutzfahrzeugtreffen im September 1985 bei der Ausfahrt beobachten.

Ein ehemaliges Feuerwehrfahrzeug mit geschlossenem Kastenaufbau auf dem Fahrzeuggestell eines Mercedes-Benz L 4500 S – ein LF 25 – wurde von einem Sammler zu einem Lastkraftwagen umgebaut, indem der Aufbau hinter der Fahrerkabine entfernt und durch eine Pritsche ersetzt wurde. Im Gegensatz zu dem Fahrzeug auf der linken Seite besaß dieser Wagen ein Fahrerhaus mit Stahlrahmen. Der weitere Aufbau bestand aus Holz, auf das die Verkleidungsbleche aufgenagelt wurden. Das Sechszylinder-Dieselantriebsaggregat dieses bewährten, 1942 gebauten Typs erbrachte eine Leistung von 112 PS bei 2250 U/min und hatte einen Hubraum von 7274 cm³.
Die Höchstgeschwindigkeit lag bei 66 km/h.

Das Nachfolgemodell des Opel-Blitz-1,5-t war der 1952 vorgestellte Typ »1,75 t«, dessen Motorhaube im Stil der amerikanischen Lastwagen damaliger Zeit gestaltet worden war. Der Sechszylinder-Vergasermotor leistete anfangs 58, ab 1955 62 PS bei 3700 U/min und 2473 cm^3 Hubraum. Die Höchstgeschwindigkeit betrug 95 km/h, seinerzeit ein beachtlicher Wert.

In recht großen Stückzahlen wurde dieses Fahrgestell auch für Feuerwehraufbauten verwendet. Für manche Verwendungszwecke genügte den Wehren auch ein Lastwagen der Serienfertigung, wie in diesem Fall der Gerätewagen der Freiwilligen Feuerwehr Wasserburg/Inn.

Nach Beendigung des Krieges wurde die Produktion des Opel-Blitz-1,5-t – des kleineren Bruders des berühmten 3-Tonners – nahezu unverändert wieder aufgenommen. Diese fast 100 km/h schnellen, leichten Lastkraftwagen für 1,5 t Nutzlast, die mit dem Sechszylinder-Benzinmotor mit 55 PS bestückt waren, konnte man in der Phase des Wiederaufbaus und des Wirtschaftswunders in vielen Einsatzbereichen antreffen. Der abgebildete Pritschenwagen (Kipper) von 1948 stand zum Zeitpunkt der Aufnahme im November 1981 noch im täglichen Einsatz. Er gehörte einem älteren Fahrer aus Dortmund, der sich von seinem gut gepflegten Stück nicht trennen wollte.

Das Fahrgestell des Opel-Blitz-1,75-t, das man von 1952 bis 1960 produzierte, wurde von vielen Aufbauherstellern für die verschiedenartigsten Verwendungszwecke eingesetzt. Werkseitig wurde der »$1^{3}/_{4}$ Tonner« komplett nur als Pritschenwagen mit den Radständen 3,30 m und ab 1953 auch mit 3,75 m geliefert. Das bedeutete, daß sämtliche Sonderaufbauten von Fremdfirmen hergestellt wurden. Das zulässige Gesamtgewicht beider Versionen betrug 3,8 t. Auf diesen Seiten soll noch einmal der Pritschenwagen in beiden Radstandversionen gezeigt werden. Das linke Fahrzeug ist ein restaurierter Kohlenkipper mit 3,75 m Radstand von 1958, den sein Besitzer im September 1981 beim Fahrzeugtreffen in Bad Rothenfelde präsentierte. Der Wagen auf der rechten Seite stand im Mai 1983 noch im Einsatz. Der 1959 gebaute Kipper besaß den kurzen 3,30-m-Radstand und einen Aufbau mit hoher Bordwand. Dieser Opel Blitz gehörte einem Fuhrunternehmer aus Herne im Ruhrgebiet.

OPEL
HER-C 46
Standort Herne

In der leichten Lkw-Nutzlastklasse war der Hanomag L 28 einer der erfolgreichsten Hauptkonkurrenten des Opel-Blitz-1,75-t. Hanomag bot eine ganze Palette von Lastwagen mit unterschiedlichen Nutzlasten an, die sich äußerlich praktisch kaum unterschieden. Der Vierzylinder-Dieselmotor leistete anfangs 45, ab 1951 50 PS bei 2800 U/min. Der Ende 1953 lieferbare 2,5-Tonner hingegen bezog seine zusätzliche Kraft aus einem Rootslader und kam dadurch auf 65 PS, bei ebenfalls 2799 cm^3 Hubraum. Später gab es auch noch eine 3-t-Ausführung mit 70 PS. Die Höchstgeschwindigkeit der beliebten kleinen Lastwagen betrug um die 80 km/h. Eine modische Zeiterscheinung war der amerikanischen Vorbildern nachempfundene Kühlergrill. Das zulässige Gesamtgewicht betrug je nach Ausführung bis zu 5,9 t. Im Jahre 1957 wurde das Fahrerhaus neu gestaltet und mit einer durchgehenden Frontscheibe versehen, die eine gute Rundumsicht ermöglichte. Der Hanomag links im Bild war ein Kipper Jahrgang 1957 und stand zum Zeitpunkt der Aufnahme im Dezember 1983 bei einem kleinen Handwerksbetrieb in Bottrop im Einsatz. Der L 28 auf der gegenüberliegenden Seite war noch drei Jahre jünger. Ihn erwischte der Autor im Oktober 1978 in Österreich.

HANOMAG
0-85.082
Karl Hönig
EISENHANDLUNG
Grünburg O.Ö.
Ruf 254

Robust, solide und zuverlässig waren auch die Nutzfahrzeuge der Carl F. W. Borgward GmbH aus Bremen, die ebenfalls in der Klasse der Schnellastwagen vertreten waren. Als Nachfolgemodell des schon vor dem Kriege konstruierten 1-t-Typs B 1000, der ab Oktober 1947 wieder produziert wurde, erschien im Oktober 1949 der Borgward B 1250, ein auf 1,25 t Nutzlast angehobenes Modell. Die Motorleistung wurde von 33 auf 48 PS bei 4000 U/min gesteigert. Der Vierzylinder-Benzinmotor mit 1498 cm^3 Hubraum brachte den B 1250 auf eine Höchstgeschwindigkeit von 80 km/h. 1952 löste der Typ 1500, ein 1,5-Tonner, das bisherige Modell ab. Lieferbar war der B 1250 in vielen verschiedenen Ausführungen, sehr verbreitet waren Pritschen- und Kofferaufbauten mit unterschiedlichen Radständen. Die linke Aufnahme zeigt ein sehr schönes, 1949 gebautes und restauriertes Exemplar eines Sammlers aus Elsfleth in der Version mit Plane und Spiegel. Rechts das Bild eines B 1250 von 1950 eines älteren Fuhrunternehmers aus Mannheim, der im Frühjahr 1983 erst 217 000 Kilometer auf dem Tacho hatte.

Im Jahre 1952 wurde der Borgward B 1250 vom 1,5-Tonner B 1500 abgelöst, dessen Haube und Kabine nunmehr den übrigen Typen des Borgward-Lkw-Programms entsprach. Ab Frühjahr 1954 präsentierte sich dieser Typ mit einer völlig neugestalteten Karosserie im aktuellen »Amerikanerlook«. In dieser endgültigen Ausführung wurde der B 1500 bis zur Produktionseinstellung 1961 hergestellt. Motorisiert war dieses schmucke Fahrzeug wahlweise mit einem 42 PS starken Diesel- oder einem 60-PS-Ottomotor, der vom Pkw-Typ »Isabella« abgeleitet war. Der B 511 (neue Bezeichnung ab 1959) auf diesem Bild wurde 1959 gebaut und begegnete dem Autor im März 1984.

Zu den schwereren Borgward-Lkw-Typen zählte dieser B 555 K (Kipper), der im März 1982 bei einem Hildener Fuhrunternehmer auf die Platte gebannt werden konnte. Das 110 PS starke Fahrzeug, ausgerüstet mit einem Sechszylinder-Dieselmotor von 4997 cm^3 Hubraum, wurde 1961 gebaut und steht auch heute noch im Einsatz. Der Lkw konnte knapp 5 t Nutzlast mit einer Höchstgeschwindigkeit von 85 km/h befördern. Das zulässige Gesamtgewicht betrug 9,3 t. Hervorgegangen ist der B 555 aus dem Typ B 4500, den es auch in einer Allradversion gab, die beispielsweise von Polizei und Katastrophenschutz beschafft wurde.

Auf der IAA 1957 stellte Borgward einen neuen Frontlenker-Lastkraftwagen der 1,5-t-Nutzlastklasse, den Typ B 1500 F, vor. Die zeitlos schöne und formal sehr gelungene Kabine kann man auch nach heutigen Begriffen durchaus noch als modern bezeichnen. Das Modell gab es, ähnlich wie beim B-1500-Haubenwagen, wahlweise als Dieselfahrzeug mit Vierzylinder-42-PS-Maschine oder als Vergaserversion mit 60 PS. Die beiden Ausführungen erreichten 75 bzw. 95 km/h Höchstgeschwindigkeit. Ab 1959 wurde der besonders für den Stadtverkehr geeignete Wagen als B 611 bezeichnet. Hier sehen wir den Pritschenwagen einer Braunschweiger Tischlerei, der, 1960 gebaut, im März 1984 noch täglich eingesetzt war.

Der Typ Hanomag »Kurier« war der erste Schritt des Unternehmens, das gesamte Lkw-Programm von Haubentypen auf Frontlenker umzustellen. Der Lastwagen wurde anfangs von dem bewährten Vierzylinder (50 PS bei 2800 U/min) mit 2799 cm³ Hubraum angetrieben. In den sechziger Jahren steigerte man die Leistung auf 60 PS. Die Höchstgeschwindigkeit lag bei 80 km/h; das zulässige Gesamtgewicht betrug 3,9 t. Die Frontlenkerreihe wurde erst im Frühjahr 1967 durch die F-Reihe ersetzt. Der hier vorgestellte »Kurier« von 1966 wurde in der Schweiz bei einem Gartenbaubetrieb im August 1985 fotografiert.

Als äußerlich nahezu identisches Nachfolgemodell des schon während des Krieges gebauten Ford V 3000 S wurde ab 1948 der Typ »Rhein« gebaut, der mit einem Achtzylinder-Vergasermotor mit 95 PS bei 3500 U/min und 3924 cm^3 Hubraum ausgerüstet war. Für die damalige Zeit war der Ford »Rhein« mit 85 km/h Höchstgeschwindigkeit recht schnell. Der Typ wurde – ähnlich wie die vierzylindrige Variante »Ruhr« – bis 1951 gebaut und dann von den Modellen FK 2000 bis 3500 abgelöst.
Dieses Fahrzeug ist ein restaurierter Militärlastwagen Baujahr 1950.

1955 stellte Ford eine optisch und technisch völlig neue Lastwagengeneration vor, die fast alle bisherigen Lastwagenmodelle ab 2 t Nutzlast ersetzte. Unter der Haube wirkte ein neukonstruierter ventilloser Zweitakt-Dieselmotor, der – da noch nicht genügend ausgereift und erprobt – sich in der Praxis nicht bewährte und den guten Ruf des Unternehmens so ruinierte, daß sich die Ford-Werke gezwungen sahen, sich 1961 vorerst ganz aus dem Lastwagengeschäft zurückzuziehen. In dieser Modellreihe waren die Typen FK 2500 mit vier Zylindern, 80 PS und 2797 cm^3 Hubraum und FK 3500 bzw. 4500 mit einem Sechszylindertriebwerk von 120 PS und 4195 cm^3 Hubraum lieferbar. Zum Nutzfahrzeugtreffen in Warstein im September 1985 erschien dieser 1961 gebaute und später restaurierte Ford FK 2500.

Im Jahre 1951 begann mit der Vorstellung einer neuen Lastwagenreihe bei Magirus-Deutz die Ära der Rundhauberfahrzeuge, einer für die damalige Zeit recht fortschrittlichen Lastwagenkonstruktion. Haube und Fahrerkabine waren im Vergleich zu vielen Modellen der Konkurrenz durch die abgerundeten Formen sehr ansprechend und modern gestaltet. 1959 wurde die Ausführung »Sirius 90 L« präsentiert, die schon äußerlich an der kleinen Lufteintrittsöffnung im oberen Bereich des Kühlergrills zu erkennen war. Der abgebildete Sirius 90 L Kipper, Baujahr 1963, war im Dezember 1983 beim Fuhrpark der Stadt Bottrop im Einsatz und hatte einen Vierzylindermotor von 85 PS.

Schon kurz nach Kriegsende wurden bei Magirus-Deutz Lastkraftwagen auf dem 3-t-Fahrgestell S 3000 wieder gefertigt, das bereits ab 1941 produziert worden war. 1948 ersetzte man den wassergekühlten Vierzylinder-Dieselmotor mit 80 PS durch einen luftgekühlten 75-PS-Motor. Ein Jahr später steigerte man die Motorleistung auf 85 PS bei 2250 U/min und 5322 cm^3 Hubraum. Gleichzeitig wurde auch die Nutzlast auf 3,5 t erhöht. Das abgebildete Fahrzeug ist ein restaurierter, 1949 gebauter Pritschenwagen.

Zum Nutzfahrzeugtreffen nach Asendorf im Juni 1983 kam auch ein Magirus-Deutz Sirius 90 L mit Plane und Spriegel aus Bremen. Das 1959 gebaute Fahrzeug besaß den langen Radstand von 4,85 m. Der 90 L war – wie bereits erwähnt – ab 1959 lieferbar und hatte, mit Ausnahme der vierzylindrigen Kipperversion, eine luftgekühlte Sechszylindermaschine mit 90 PS Leistung bei 2800 U/min und 5085 cm^3 Hubraum. Die Spitzengeschwindigkeit lag bei über 80 km/h. Unter der Bezeichnung 110 D 7 L wurde der Sirius für die Bundespost sogar noch bis Anfang der siebziger Jahre gebaut, also über 20 Jahre lang.

Der Magirus-Deutz S 3500 gehörte zu den verbreitetsten Lastkraftwagen der fünfziger Jahre. Das charakteristische Heulen des luftgekühlten Antriebsaggregats unter der runden Haube war aus der damaligen Zeit nicht wegzudenken. Der S 3500 war mit dem Vierzylinder-Dieselmotor F 4 L 514 mit anfangs 85, später 90 PS bei 2300 U/min und 5322 cm³ Hubraum ausgerüstet. Ebenfalls sehr verbreitet und äußerlich vom S 3500 nicht zu unterscheiden war der mit einer Sechszylindermaschine (125 PS) bestückte Typ S 4500 (später »Mercur«). Der oben abgebildete S 3500 stand noch im August 1982 bei den Stadtwerken Augsburg als Kabellegefahrzeug im Dienst.

Ursprünglich hatte Magirus-Deutz vorgesehen, das gesamte Lastwagenprogramm auf Rundhauberfahrerhäuser umzustellen. Dieses Vorhaben ließ sich aber nur bei Fahrgestellen mit Hinterradantrieb verwirklichen, da sich bei den Allradfahrzeugen in schwerem Gelände Verwindungen der Haube zeigten. Bereits 1953 wurde eine neue, eckige Haube für Allradwagen entwickelt. Aus dem Dreiachser Jupiter 6 x 6, der 1959 vorgestellt wurde, ging der Typ 200 D 22 AK mit Achtzylinder-V-Motor (200 PS, 12 667 cm^3 Hubraum) hervor. Das zulässige Gesamtgewicht des Allradkippers betrug 22 t. Hier abgebildet ist ein 1966 gebautes, im April 1984 in Bad Tölz fotografiertes Fahrzeug.

In größerem Umfang wurden die Rundhauberlastwagen erst Ende der fünfziger Jahre mit neuen Eckhauben versehen. Aus dem Modell »Mercur 120« von 1959 wurde der Typ »Mercur 126 D 11« entwickelt und zwischen 1963 und 1964 gebaut. Der 80 km/h schnelle Lastwagen war für eine Nutzlast von 6,5 t ausgelegt. Die motortechnischen Daten lauten: luftgekühlter Sechszylinder-V-Motor F 6 L 613, 126 PS bei 2500 U/min und 7412 cm^3 Hubraum. Obiges Bild zeigt einen Lkw mit Meiller-Kipper (Baujahr 1963), der von einem Düsseldorfer Kohlenhändler noch 1983 eingesetzt wurde.

Auf den folgenden Seiten soll ein überaus erfolgreiches Lastwagenmodell eine etwas ausführlichere Darstellung erfahren. Mitte des Jahres 1949 erschien bei Mercedes-Benz der 3,25-t-Lastwagentyp L 3250, der – Anfang 1950 als L 3500 zum 3,5-Tonner aufgewertet – in kurzer Zeit zum Marktführer dieser Nutzlastklasse aufstieg. Diese beiden Seiten zeigen zwei Lastwagen dieses Typs in der Ausführung als Kipper.

Auf dem linken Bild ein L 3500/36 K von 1952, der sich zum Zeitpunkt der Aufnahme im Januar 1980 noch bei einem Kohlenhändler in der Nähe des Bahnhofs Bonn-Beuel im Einsatz befand. Das Fahrzeug rechts im Bild ist ein LK 311/36 (neue Bezeichnung des L 3500 ab 1955) von 1956, der von einem Essener Nutzfahrzeugsammler restauriert wurde und im Mai 1983 beim Ebersbacher Fahrzeugtreffen zugegen war.

E-04255

Ab Juli 1953 gesellte sich zum 3,5-Tonner L 3500 in der Mercedes-Benz-Produktpalette eine Version mit 4,5 t Nutzlast, die – mit verstärkten Blattfedern ausgerüstet – als L 4500 bezeichnet wurde und äußerlich bis auf die etwas größere Bereifung unverändert war. Diese Ausführung verkaufte sich in der Folgezeit noch besser als der 3,5-Tonner. 1955 wurde der L 4500 in L 312 umbenannt. Interessant sind die Produktionszahlen der unterschiedlichen Modelle. Während vom Lizenz-Opel L 701 immerhin schon 10 300 Stück bis 1949 gefertigt wurden, betrug die Produktion des L 3500/L 311 bis 1961 rund 55 000 Exemplare, die des L 4500/L 312 sogar 72 000 und die des von 1957 bis 59 angebotenen 5-t-Modells L 321 fast 8 000 Fahrzeuge. Kein anderer deutscher Lastkraftwagen der fünfziger Jahre erreichte diese hohen Produktionsziffern! Links wurde im Juli 1981 auf einer Baustelle im Umkreis von Gummersbach gerade ein Allradlastwagen LAK 311/36 von einem Schaufelbagger beladen. Dagegen führt uns die nebenstehende Aufnahme das Modell L 4500/36 K – ebenfalls ein Kipper, aber ohne Allradantrieb – vor. Früher war es ein alltägliches Bild, Haubenlastwagen mit Anhänger im Straßenbild zu sehen – heute ist das nur noch ganz selten der Fall.

M. JAHN
NOSTIZSTR. 39
HEIZÖL
KOHLEN
B-CU 565

Noch einige Worte zur Motorausstattung des Mercedes-Benz 3,5-Tonners. Die Typen L 3250, L 3500 und L 4500 waren einheitlich mit dem Sechszylinder-Dieselmotor OM 312 ausgerüstet, der 90 PS bei 2800 U/min leistete (Hubraum 4580 cm^3). Im Jahre 1956 wurde das Triebwerk leistungsmäßig auf 100 PS bei 3000 U/min aber gleichem Hubraum angehoben. Heute sind von den ehemals produzierten 135 000 Lkws aller Varianten nur noch wenige vorhanden.

Eine der ganz wenigen Ausnahmen ist auf der rechten Aufnahme zu sehen. Der hervorragend gepflegte Mercedes-Benz L 311/36 gehörte noch 1988 einem Mühlenbetrieb in Weilerswist bei Euskirchen. Der Wagen – Baujahr 1957 – hat mehrere hunderttausend Kilometer auf dem Tacho und verrichtet treu und brav seinen Dienst. Mit ziemlicher Regelmäßigkeit kommt der Lkw morgens in den Düsseldorfer Hafen, um bei einer Futtermittelfabrik neue Ware zu holen. Auf der obigen Seite ein restaurierter Veteran der Mercedes-Benz-Vertretung in Bremen. Der 1953 gebaute L 3500 gehörte bis Ende der siebziger Jahre einer Kohlenhandlung im norddeutschen Raum und wurde anschließend einer totalen Überholung unterzogen.

EU-E 939

BS-AA 867

Hier nochmals zwei schöne Hauber in der 4,5-t-Version. Links im Bild ein Mercedes-Benz L 312/42 Pritschenwagen von 1956, der sich auf einem gepflasterten Werkshof vor einem alten Fabrikgebäude hervorragend ins rechte Licht setzen ließ. Das gut gepflegte Fahrzeug stand noch im März 1984 bei einer kleinen Braunschweiger Maschinenfabrik im Dienst. Zwei Monate später konnte der Autor einen weiteren Oldtimer dieses Typs aufspüren. Auf der Rückfahrt von einer zweiwöchigen Fotosafari durch Österreich hatte er Gelegenheit, den rechts abgebildeten L 4500/42 mit Plane und Spriegel von 1954 auf den Film zu bannen, der einem Molkereigroßbetrieb in München zu der Zeit noch als Reservefahrzeug diente. Der Lastwagen war allerdings mit leeren Batterien abgestellt. Er benötigte Starthilfe, bevor er auf den Hof gefahren werden konnte. Ein solcher Aufwand ist bei der Nutzfahrzeugfotografie an der Tagesordnung, will man sich nicht mit unbefriedigenden Aufnahmen in Hallen, Garagen usw. oder mit zugestellten Objekten zufriedengeben.

Auf dieser Doppelseite sollen die Mercedes-Benz-Modelle der nächstschwereren Nutzlastklasse der fünfziger Jahre vorgestellt werden. Entwickelt wurde diese mittlere Klasse aus dem Kriegstyp L 4500 S, der schon ab 1945 als L 4500 mit dem Holzführerhaus der Kriegszeit wieder produziert wurde. Ab 1949 – das Modell hatte wieder eine friedlichere Optik erhalten – gelangte das bereits vom kleineren L 3250 her bekannte Stahl-Einheitsfahrerhaus zum Einbau. Gleichzeitig wurde die Nutzlast auf 5 t erhöht und die Bezeichnung entsprechend in L 5000 geändert. 1950 steigerte man die Motorleistung auf 120 PS bei 2100 U/min und 7274 cm^3 Hubraum. Die Höchstgeschwindigkeit betrug 62 km/h, das zulässige Gesamtgewicht 10,5 t. Bis 1953 wurde der Typ mit der noch aus der Vorkriegszeit stammenden eckigen Motorhaube gebaut, ehe die Ablösung durch den L 5500 (ab 1954 als L 325 bezeichnet) kam. Hier sollen zwei nach Holland exportierte Lastwagen gezeigt werden. Die linke Aufnahme zeigt einen L 325/46 von 1956 beim Fahrzeugtreffen Amersfort im Mai 1985. Die Fahrerkabine stammte von einer holländischen Karosseriefirma. Auf dem rechten Bild ist ein L 5000/46 von 1951 zu sehen.

PB·73·45
MERCEDES-BENZ

5
AC C 2373

1950 erschien das Modell L 6600 als dritter und zugleich schwerster Typ des Mercedes-Benz-Nachkriegsprogramms als völlige Neuentwicklung auf dem Markt. Obwohl im Vergleich zur Konkurrenz bei weitem nicht der schwerste Lastwagentyp, war das Modell an der besonders wuchtig wirkenden, langen Motorhaube erkennbar, unter der ein neu entwickelter Sechszylinder-Dieselmotor OM 315 mit 145 PS Leistung bei 2100 U/min und 8280 cm^3 Rauminhalt arbeitete. Die Nutzlast betrug 6,6 t (ab Mitte 1953 7,2 t) und das zulässige Gesamtgewicht ca. 13 t. Der Lastwagen erreichte 70 km/h Höchstgeschwindigkeit. Der L 6600 wurde bis 1954 gebaut und anschließend in L 315 umbenannt.
Die linke Abbildung zeigt einen L 6600/46 Kipper von 1953, der einem Fuhrunternehmer aus Walheim bei Aachen gehört. Hier sehen wir das Fahrzeug mit Winterdienstausrüstung bei abgenommenem Schneeräumer. Für diesen Zweck wird der Wagen bei Bedarf noch eingesetzt. Auf der gegenüberliegenden Seite ein restaurierter LAK 315 von 1955 eines Sammlers aus Castrop-Rauxel, der im Juni 1984 bei einem Nürnberger Fahrzeugtreffen aufgenommen wurde.

Schwere Haubenlastwagen mit Dreiachs-Anhängern gehörten noch bis Ende der sechziger Jahre zum täglichen Erscheinungsbild unserer Straßen. Heutzutage sind diese Lastzüge praktisch nirgendwo mehr anzutreffen. Der hier abgebildete Mercedes-Benz L 334 war durch die vom Gesetzgeber vorgegebenen Maß- und Gewichtsbeschränkungen anfangs nur für den Export bestimmt, tauchte aber nach Lockerung der Bestimmungen ab 1960 wieder im Inlandsprogramm auf. Er gehörte damit schon zu den letzten Langhauber-Lkws, denn die Ablösung erfolgte durch ein Kurzhauber-Modell. Die technischen Daten lauten wie folgt: Sechszylinder-Diesel OM 326 mit 200 PS bei 2200 U/min und 10 810 cm^3 Hubraum. Zulässiges Gesamtgewicht ca. 12,5 t. Die Höchstgeschwindigkeit lag bei 77 km/h. Das 1960 gebaute Fahrzeug war für den Transport von Getreide-Schüttgut eingerichtet und wurde 1985 zu Erntezeiten bei Fahrzeugmangel noch eingesetzt. Auf der gegenüberliegenden Seite nochmals ein 4,5-Tonner Mercedes-Benz L 312/42 von 1955 aus Holland, dessen Fahrerkabine und Pritschenaufbau von einer niederländischen Aufbaufirma erstellt worden waren.

FA. J.B.KOK & ZN.
INT.
TRANSP. BEDRIJF
HAARLEM
TEL.14741-
14293

Mit dem auf der Frankfurter Automobilausstellung 1955 vorgestellten neuen Mercedes-Benz-Modell L 319 drang das Unternehmen in eine Nutzlastklasse vor, in der es bisher noch nicht vertreten war. Der L 319 wurde, zuletzt als L 406 / L 408 bezeichnet, bis Ende 1965 produziert. Das Modell gab es in zwei Versionen: mit Benzinmotor (65 PS, 4500 U/min und 1897 cm³ Hubraum) und in Dieselausführung (43 PS, 3500 U/min und 1767 cm³ Hubraum), jeweils mit vier Zylindern. Später wurde die etwas schwache Leistung der Dieselmaschine auf 55 PS erhöht, den Benzinmotor steigerte man auf 80 PS Leistung. Oben abgebildet ein L 319 D Pritschenwagen, der im August 1985 in der Schweiz fotografiert wurde.

In der Fahrzeugklasse bis 7,5 t zulässigem Gesamtgewicht befand sich das Mercedes-Benz-Frontlenkermodell LP 323 von 1961 bis 1963 im Lieferprogramm. Das von 1963 bis 1968 produzierte Nachfolgemodell wurde als LP 710 (LP = Lastkraftwagen in Pullmanausführung) bezeichnet.
Der Typ, der auch für viele Feuerwehren gefertigt wurde, war mit dem Sechszylinder-Dieselmotor OM 312 mit 100 PS Leistung bei 3000 U/min und 4580 cm^3 Hubraum, der gleichen Maschine, die in den Typen L 311/L 312 eingebaut war, ausgerüstet. Die Nutzlast betrug 3,5 t. Das hier vorgestellte Fahrzeug, ein LP 710/32, war noch 1985 in Friedrichsfeld bei Dinslaken im Einsatz.

Anfang 1958 traten in der Bundesrepublik für Neufahrzeuge neue Maß- und Gewichtsbeschränkungen in Kraft. Diese Bestimmungen hatten große Auswirkungen auf alle Lastwagen-Neukonstruktionen für den Fernverkehr. Sie förderten allgemein den Leichtbau und verhalfen schließlich den Frontlenkermodellen und Sattelzügen zum Durchbruch. Der Mercedes-Benz LP 333, auch »Tausendfüßler« genannt, war eine Entwicklung dieses Zeitabschnitts. Das Neue und Besondere an diesem Modell waren die zwei gelenkten Vorderachsen, die dem Lastwagen zu guten Fahreigenschaften verhalfen. Motorisiert war der LP 333 mit einem Sechszylinder OM 326 Dieselmotor mit 200 PS bei 2200 U/min und 10 810 cm^3 Hubraum. Das zulässige Gesamtgewicht des Dreiachsers betrug 20 t bei 12,5 t Nutzlast.

Der hier abgebildete Pritschenwagen wurde 1984 im nördlichen Saarland bei einer Spedition aufgestöbert. Früher im Fernverkehr eingesetzt, lief dieser leider etwas heruntergekommene Wagen nur noch im innerbetrieblichen Werksverkehr. Das gleiche Triebwerk arbeitete in dem Frontlenker-Fernverkehrswagen LP 334. Der Lkw konnte mehr als 7 t Nutzlast bei 12,5 t zulässigem Gesamtgewicht befördern und war bis 1963 in der Produktion. Hier ein LP 334/46 1984 bei einer Spedition in Homburg/Saar, die das Fahrzeug noch im Nahverkehr aufbrauchte.

KARLSBERG-BIER
KARLSBERG
BIER
DOLL
HOM-X 980

Kunststoff FROH GmbH
Tel. 09131/34095 8520 Erlangen
ER-L 759

Bereits ab 1954 befanden sich Frontlenker-Lkws im Mercedes-Benz Lieferprogramm.
An dieser Stelle einige Worte zu den Frontlenkern der damaligen Zeit. Im Grunde waren es Fahrgestelle von Haubenlastwagen, auf die man ein Frontlenkerhaus gesetzt hatte, wobei der Motor weit in den Fahrerraum hineinragte. Diese Bauweise führte unter anderem auch zu erhöhter Lärm- und Geruchsbelästigung und zu schlechter Zugänglichkeit des Motors bei Wartungsarbeiten.
1959 erschienen die 6,5- und 7,9-t-Typen LP 322 und LP 327, die ab 1963 in LP 1113 und LP 1413 – letzterer jetzt mit 9 t Nutzlast – umbenannt wurden und ohne wesentliche Änderungen bis 1969 gebaut wurden. Beide Typen waren mit dem Sechszylinder-Dieselmotor OM 352 mit 126 PS bei 2800 U/min und 5675 cm^3 Hubraum ausgerüstet. Die Höchstgeschwindigkeit beider Modelle betrug rund 80 km/h. Der Wagen auf dem linken Bild ist ein LP 1113/42 von 1964, ausgerüstet mit Plane und Spriegel. Die Aufnahme entstand im Mai 1984 in Erlangen.
Das Fahrzeug rechts, ein LP 1413 von 1965, befand sich im März 1985 beim Abladen von Papierrollen bei einer Jülicher Papierfabrik im Dienst.

Die Firma Henschel & Sohn konnte erst 1949 wieder mit einer Lastwagen-Neukonstruktion, dem HS 6, aufwarten, der mit einer neu entwickelten 140-PS-Maschine ausgerüstet war. Fahrerkabine und Motorhaube wirkten zwar noch etwas plump, fanden aber schon 1950, als der auf 6,4 t Nutzlast gesteigerte Typ HS 140 den HS 6 ablöste, ihre endgültige Form. Henschel hatte damit einen soliden und zuverlässigen Lastkraftwagen entwickelt, der bis Anfang der sechziger Jahre ohne wesentliche Änderungen in der Fertigung blieb. Zu bemängeln blieb lediglich die etwas geringe Leistung des Sechszylinder-Diesels, der 140 PS bei 2200 U/min und 8553 cm^3 Hubraum leistete. Erst 1955 steigerte man die Leistung geringfügig auf 145 PS. Später standen noch stärkere Triebwerke zur Wahl. Die Nutzlast hingegen wurde im Laufe der Zeit erheblich gesteigert und erreichte schließlich 11,3 t bei 18 t zulässigem Gesamtgewicht. Der HS 140 war 68 km/h schnell und wurde wegen seiner Robustheit auch gerne im Baustellenverkehr eingesetzt. Links ein HS 140/42 in der Ausführung als Kipper von 1951. Das Fahrzeug, das im September 1987 am Warsteiner Fahrzeugtreffen teilnahm, gehört einem Sammler aus Mannheim und ist restauriert. Gegenüber ein hochbeiniger HS 140 AK in der letzten Exportausführung von 1961. Diese Aufnahme entstand im Juni 1986 in der Schweiz.

HENSCHEL
AG·45098

CARL LÖHMER
BRENNSTOFFHANDEL
SOLINGEN, TEL. 33 2490
HENSCHEL

Auf der Frankfurter Automobilausstellung 1951 stellte Henschel ein neues Lastwagenmodell der 4,5-t-Nutzlastklasse vor. Es war der HS 100, der mit einem modernen und wohlgeformten Kurzhauber-Fahrerhaus versehen worden war. Unter der kurzen Motorhaube arbeitete der auf 100 PS gesteigerte Sechszylinder-Dieselmotor 512 DJ mit 2400 U/min und 5429 cm^3 Rauminhalt. Der neue HS 100 blieb in seiner äußeren Grunderscheinung bis weit in die sechziger Jahre in der Produktion. Aus dem HS 100 enstand 1961 – äußerlich unverändert – die HS 11-Klasse. Die Motorleistung war bereits 1959 auf 132 PS angehoben worden. Obwohl im äußeren Design nicht mehr ganz neu, fand der HS 11 wegen seiner Unverwüstlichkeit immer noch Abnehmer. Auf diesen Seiten zwei Henschel HS 11 HK, wovon das linke, 1962 gebaute Fahrzeug einem Kohlenhändler aus Solingen gehört. Der Lastwagen auf der rechten Seite, der mit einem Schneepflug versehen werden konnte, begegnete dem Verfasser im Juli 1984 in Marktschorgast und wurde erst 1968 hergestellt.

Zum Nutzfahrzeugtreffen in Warstein im September 1987 erschien dieser Henschel HS 100 in der Ausführung mit Plane und Spriegel. Der 1957 gebaute und ehemals im Fuhrpark des Volkswagenwerks Kassel eingesetzte Lastkraftwagen verfügte über den Sechszylinder-Dieselmotor Typ 512 DJP mit einer auf 115 PS gesteigerten Leistung. Das Fahrzeug war mit langer Pritsche und einem Radstand von 5,20 m ausgerüstet. Bei 10 t zulässigem Gesamtgewicht betrug die Nutzlast 5,5 t. Die Höchstgeschwindigkeit lag um die 80 km/h. Heute befindet sich dieser Wagen in der Hand eines Privatsammlers aus dem Raum Hildesheim.

Anfang der sechziger Jahre wurde ein großer Teil des Henschel-Lastwagenprogramms auf neue, im Design zeitgemäßere Modelle umgestellt. Die geriffelte Front der neuen Lastkraftwagen, die es sowohl als Hauber wie auch als Frontlenker gab, blieb bis zum Ende der Henschel-Lastwagenfertigung bestehen. Aus dem Frontlenker HS 16 wurde 1969 der Typ F 161, ein Lkw für 9 t Nutzlast bei 16 t zulässigem Gesamtgewicht. Er war mit einem Sechszylinder-Diesel mit 230 PS motorisiert. Oben sehen wir einen Henschel F 161 AK (Allrad-Kipper) mit Ladekran aus dem Jahre 1971, der dem Autor im April 1984 in Bludenz in Vorarlberg/Österreich begegnete.

Bei Henschel wurde im Jahre 1955 ein Frontlenkermodell, der Allrad-Kipper HS 3-180 TAK entwickelt und vorgestellt. Die Nutzlast des schweren dreiachsigen Kolosses betrug zunächst 16 t. 1957 wurde diese sogar auf 20 t bei einem zulässigen Gesamtgewicht von 34 t erhöht. Als Triebwerk diente der Sechszylinder-Diesel 520 DO mit 180 PS Leistung bei 2000 U/min und 11045 cm^3 Rauminhalt. Der gewaltige Kipper bewährte sich in allen Einsatzbereichen des In- und Auslandes ganz hervorragend, so daß er sogar noch im neuen Produktionsprogramm von 1961 unter der Bezeichnung HS 34 TAK erschien. Die Motorleistung steigerte man auf 192 PS und in dieser Ausführung wurde der HS 34 bis Mitte der sechziger Jahre gebaut.
Auf diesen Seiten sollen zwei noch Mitte der achtziger Jahre im Einsatz befindliche HS 34 vorgestellt werden.

Links der im Oktober 1983 im Düsseldorfer Hafen aufgenommene HS 34 von 1962, der dank guter Pflege und genügend Ersatzteilen in Form einiger zum Ausschlachten dienender Wagen auch noch im Sommer 1988 im Baustelleneinsatz steht. Rechts im Bild ein ähnliches Fahrzeug mit nicht serienmäßiger Mulde, im Februar 1985 bei einem Zementwerk in Erwitte im Werksverkehr im Einsatz befindlich.

HENSCHEL

Die Maschinenfabrik Augsburg-Nürnberg (MAN) setzte nach 1945 die Produktion des im Kriege sehr bewährten 4,5-Tonners ML 4500 unter der neuen Typenbezeichnung MK fort. Dieser Typ mit der kurzen, kantigen Haube wurde ohne große Änderungen bis 1950 gebaut. Im gleichen Jahr wurde der MK durch die Typen MK 25 und 26 abgelöst, die eine modernere Haube mit abgerundeten Kanten erhalten hatten. Der MK 25 war für 5 t Nutzlast vorgesehen und hatte ein Sechszylinder-Dieseltriebwerk mit 120 PS unter der Haube. Der Hubraum betrug 7983 cm^3. Hier sehen wir einen MK 25 von 1953 in der Kipperausführung beim Fahrzeugtreffen in Warstein im September 1987.

1954 wurde bei MAN eine neue Lastwagentypenreihe vorgestellt, die mit neuen M-Motoren ausgerüstet war. Bei dieser Motorenentwicklung wurde mittels eines neuen Einspritzverfahrens eine beim Dieselmotor bisher nicht gekannte Laufruhe erzielt. Das kleinste Modell dieser Reihe war der MAN 515 L 1, der bis 1956 gebaut wurde. Der Lastwagen trug 5 t Nutzlast und wog mit voller Zuladung bis zu 11,5 t. Der Motor war ein Sechszylinder-Diesel und leistete 115 PS bei 2000 U/min und 7983 cm^3 Hubraum. Der Typ 515 – für den Betrieb mit und ohne Anhänger vorgesehen – erreichte ca. 80 km/h Höchstgeschwindigkeit. Abgebildet ist hier ein MAN 515 L 1, Baujahr 1955.

Der Star der fünfziger Jahre im MAN-Nutzfahrzeugprogramm war der 1951 auf der IAA vorgestellte Typ F 8, ein Fernverkehrslastwagen für mehr als 8 t Nutzlast bei 16 t zulässigem Gesamtgewicht. Der Achtzylinder-V-Motor leistete 180 PS bei 2000 U/min und 11633 cm^3 Hubraum. Mit 60 km/h Höchstgeschwindigkeit war der F 8 zwar nicht übermäßig schnell, dafür aber grundsolide und ausdauernd auf langen Strecken. Ohne wesentliche Änderungen wurde der MAN F 8 von 1951 bis 1963 gebaut. Im Oktober 1975 hatte der Autor seine erste Begegnung mit einem der letzten MAN F 8 Mitteleuropas, der sich noch im regulären Einsatz befand (links). Damals lief der Lkw noch im Fernverkehrseinsatz. Der von der Leverkusener Spedition Braunegger betriebene Wagen hatte weit über 2,5 Millionen Kilometer in seinem Leben zurückgelegt und fuhr bereits mit der fünften Maschine! Ab ca. 1980 wurde er nur noch im Nahverkehr im Kölner Raum eingesetzt. Der Lastwagen überlebte wohl nur deshalb bis in die heutige Zeit, weil ihn der Fahrer liebevoll hegte und pflegte. Etwa 1985 wurde der MAN endgültig aus dem Einsatzdienst gezogen und an einen Sammler verkauft. Oben nochmals eine Abbildung dieses schönen Fahrzeugs im Frühjahr 1981 auf einem Parkplatz in Burscheid.

DB
LEV-A 833

M·A·N
DIESEL
LEV-A 815

Auf diesen Seiten begegnen uns nochmals zwei Lastkraftwagen der Leverkusener Spedition Braunegger, die dort noch im Frühjahr 1984 im Dienst standen. Die linke Aufnahme zeigt einen MAN 626 Kurzhauber von 1966 – ein Lastkraftwagen für 6 t Nutzlast bei 11 t zulässigem Gesamtgewicht. Anfang der sechziger Jahre entstand dieses Modell, das mit einem Sechszylinder-Dieselmotor mit 126 PS bei 2700 U/min und 5850 cm³ Hubraum motorisiert war. Gegenüberliegend ein imposanter Fernverkehrszug mit Dreiachsanhänger, der 1984 auch schon großen Seltenheitswert besaß. Zugpferd war der schwere MAN-Frontlenker 10212 – ein Fahrzeug für 10 t Nutzlast bei 16 t zulässigem Gesamtgewicht. In diesen Schwerlastwagen gelangte ein Sechszylinder-Triebwerk (212 PS bei 2100 U/min und 9659 cm³ Hubraum) zum Einbau. Zum Zeitpunkt der Aufnahme war der Motorwagen genau 20 Jahre alt – heute ist er mit Sicherheit schon lange ausgesondert.

Baustoffe
Transporte
Handel
M·A·N
DIESEL
B J 6099

Diese Seiten sollen zwei schweren Ausführungen des MAN-Kurzhaubers gewidmet werden. Bei einem Berlin-Besuch im November 1984 hatte der Autor Gelegenheit, den auf der linken Seite abgebildeten, sehr wuchtig wirkenden Dreiachser zu fotografieren. Der bei einem Baustoffbetrieb eingesetzte Lastkraftwagen diente vor allem zum Transport von Steinen und anderen Massengütern. Zu diesem Zweck war das 1969 gebaute Fahrzeug mit einem Ladekran ausgerüstet. Der MAN mit der Typenbezeichnung 19230 HA hatte ein zulässiges Gesamtgewicht von 22 t. Der Sechszylindermotor war 230 PS stark (bei 2200 U/min) und hatte 10620 cm^3 Hubraum. Auf der Seite gegenüber ist ein MAN-Kurzhauber zu sehen, der bereits 1962 hergestellt wurde. Es ist ein MAN 10212, der dem Autor im Juli 1984 in der Gegend von Tirschenreuth begegnete. An seinem Zielort, einem nahegelegenen Ziegelwerk, wurde das bullige Fahrzeug fotografiert. Dieses Modell war mit der gleichen Maschine wie das Frontlenkermodell bestückt. Die Nutzlast betrug 10 t. Auch diese Typen sind auf unseren Straßen schon überaus rar geworden.

Die Braunschweiger Lastwagenfirma Büssing baute während der Kriegszeit von 1941 bis 1945 den Einheits-Lkw vom Typ 4500. Der mit dem Sechszylinder-Diesel LD 6 ausgerüstete Lastwagen leistete 105 PS bei 1800 U/min und 7413 cm^3 Hubraum. Sofort nach Kriegsende konnte die Produktion dieses bewährten Lastkraftwagens in bescheidenem Umfang wieder aufgenommen werden. Der Büssing-NAG 4500 wog mit Zuladung 10,1 t und konnte dabei 4,6 t Nutzlast befördern. Er war 65 km/h schnell.
Der hier abgebildete 4500 S wurde 1947 gebaut und Mitte der achtziger Jahre besonders aufwendig restauriert. Er befindet sich heute in einem absolut neuwertigen Zustand und nahm an der Ausfahrt des Nutzfahrzeugtreffens Warstein 1985 teil.

In Anlehnung an den Vorkriegstyp 650 von 1937 stellte Büssing im Jahre 1949 das neue Modell 7000 S vor. Das schwere Fahrzeug war mit dem ausgereiften GD-6-Motor mit sechs Zylindern, 150 PS Leistung und 13500 cm³ Hubraum ausgerüstet. Das zulässige Gesamtgewicht betrug 14,7 t, die Nutzlast 7 t. Aus diesem Typ entstand 1950 durch Erhöhung der Nutzlast auf 8 t der bekannte und erfolgreiche Fernverkehrstyp 8000 S mit 16 t zulässigem Gesamtgewicht. Den Typ 7000 S gab es sowohl als Pritschenwagen als auch als Kipper. Oben sehen wir einen 7000 S, Baujahr 1949, in toprestauriertem Zustand in der Ausführung als Meiller-Kipper.

Büssing 8000 – mit diesem Lastwagentyp verbindet jeder Nutzfahrzeugfreund die schweren Anhängerzüge im Fernverkehr der beginnenden fünfziger Jahre. Der Lastwagen entstand schon 1950 aus dem Typ 7000 S unter Verwendung einer neuen, optisch überarbeiteten Fahrerkabine. Die Motorleistung der Sechszylindermaschine blieb zunächst bei 150 PS. Anfang 1952 wurde sie mit dem Typ S 13 auf 180 PS angehoben. Die Motorhaube mußte geringfügig verlängert werden, um die größere Maschine unterzubringen. Dadurch wirkte der Lastwagen besonders wuchtig und imposant. Das zulässige Gesamtgewicht betrug 16 t bei 8,2 t Nutzlast und die Höchstgeschwindigkeit lag bei gut 60 km/h. Der Büssing 8000 wurde bis 1957 produziert. Die geänderten gesetzlichen Bestimmungen machten diesem bewährten Typ den Garaus, denn im Fernverkehr war er nicht mehr zu verwenden.

Die linke Aufnahme zeigt einen restaurierten 8000 S 13 von 1952, der regelmäßig an Nutzfahrzeugtreffen (hier Warstein im September 1985) teilnimmt. Der Lastwagen war zuletzt als Trägerfahrgestell für einen Baukran im Raum Viersen eingesetzt. Daneben ein Büssing 8000 S 13 als Muldenkipper. Das 1954 gebaute Fahrzeug wurde ebenfalls von Grund auf restauriert und im Mai 1986 fotografiert.

Emil Bölling
Baumaterialien
Castrop-Rauxel
Ruf-Nr. 2652
RE-C 1954

Die mächtigen Ausmaße des Büssing 8000 kommen in obiger Aufnahme deutlich zum Ausdruck. Dieses 1951 gebaute Exemplar stand früher im Fernverkehr im Einsatz, wurde aber später mit einem Kran ausgerüstet, der auf der Ladepritsche aufgesetzt war. Ende der siebziger Jahre übernahm ein Fahrzeugsammler aus Moers das Fahrzeug, der den Lastwagen restaurierte. Beim Farbanstrich bewies er – im Gegensatz zu manchen anderen Fahrzeugbesitzern – viel Sachverstand, indem er den Lkw im alten, dunkelblauen Anstrich beließ, der für die frühen fünfziger Jahre typisch war. Die Aufnahme entstand im September 1980 beim Fahrzeugtreffen von Bad Rothenfelde.

Ein besonderes Konstruktionsmerkmal bei Büssing war die Unterflurbauweise, bei welcher der Motor unterhalb des Rahmens angeordnet war. Büssing war in Deutschland der einzige Lastwagenhersteller, der diese Bauform konsequent weiterentwickelte und dabei beachtliche Erfolge erzielte. 1955 wurde der Typ LU 11 vorgestellt, der in der schweren Kipperausführung mit stehenden Motoren ausgebildet werden mußte, da sich ein Unterflurmotor bei dem kurzen Radstand nicht mehr unterbringen ließ. Hier ein solches als LS 11 K bezeichnetes Modell von 1961, das dem Autor im Juni 1984 beim Sinsheimer Fahrzeugtreffen vor die Linse kam.

THURAU
THURAU
BAUSTOFFE-FLIESEN
HEIMWERKERMARKT
BS-RÜHME RUF:31515
35
161
DO-04161

Der Typ LU 11 war ein Schwerlastwagen für 8,6 t Nutzlast bei 16 t zulässigem Gesamtgewicht. Die strengen gesetzlichen Bestimmungen des damaligen Verkehrsministers Seebohm wurden ab 1960 wieder entschärft, so daß sich der LU 11, ab 1961 unter der Bezeichnung »Commodore« angeboten, fast bis Ende der sechziger Jahre erfolgreich am Markt halten konnte. Der LU 11, der ursprünglich mit einem Sechszylinder-Unterflurmotor mit 170 PS und 10 872 cm³ Hubraum ausgerüstet war, erhielt ab 1960 eine auf 192 PS bei 11 413 cm³ leistungsgesteigerte Maschine. Den LU 11/Commodore gab es nicht nur als Fernverkehrswagen, sondern auch als Sattelschlepper und Kipper. Letztere mußten aus räumlichen Gründen mit stehenden Motoren ausgerüstet werden. Die rechte Aufnahme zeigt einen Büssing LU 11 K von 1962, der von einem Sammler restauriert wurde und im Juni 1984 an einem Nürnberger Nutzfahrzeugtreffen teilnahm. Das Fahrzeug links wiederum ist ein Büssing Commodore U in der Ausführung mit langem Fahrerhaus. Der Lastwagen wurde 1966 hergestellt und im Jahre 1981 beim Warsteiner Treffen fotografiert. Bereits zum damaligen Zeitpunkt konnte man diese im Grunde noch gar nicht so alten Lastkraftwagen im Straßenverkehr kaum noch antreffen.

BÜSSING
16 T
WES-04504

Parallel zu den Lastkraftwagen mit Unterflurmotoren produzierte Büssing weiterhin Modelle, die mit langen Motorhauben ausgestattet waren. Bedingt durch die Seebohmsche Verkehrsgesetzgebung spielten die Haubentypen zwar im Fernverkehr eine immer geringer werdende Rolle, als Solo-Lkw – hier besonders als Kipper für Baustelleneinsätze – wurde diese robuste, konventionelle Bauform aber immer noch gerne verwendet. In den sechziger Jahren wurde der Büssing Commodore S entwickelt, der auf der linken Abbildung zu sehen ist. Die Motorleistung des als Allradkipper angebotenen Wagens war auf 200 PS bei 11 413 cm^3 Hubraum erhöht worden. Den 1967 gebauten Lkw, der für 8 t Nutzlast bei 16 t zulässigem Gesamtgewicht ausgelegt war, fotografierte der Autor auf dem Warsteiner Fahrzeugtreffen im September 1983.

Gegenüberliegend ein schwerer Büssing Dreiachser vom Typ BS 32 K 3, der für härteste Baustelleneinsätze ausgelegt war. Das zulässige Gesamtgewicht des 1970 gebauten Kippers betrug 26 t und die Motorleistung der Sechszylindermaschine S 12 D 240 PS bei 12 316 cm^3 Hubraum. Noch im Jahre 1983 befand sich der imposante Bolide bei einem Gelsenkirchener Fuhrunternehmer im täglichen Einsatz.

Der wohl markanteste Schwerlastwagen der fünfziger Jahre war der mächtige Krupp Titan. Eine riesige, von amerikanischen Stileinflüssen geprägte Motorhaube, gepaart mit dem unverkennbaren, aggressiven Motorengeräusch, machten ihn zu einer eindrucksvollen Erscheinung. Dieser Lastwagen war das zu dieser Zeit stärkste Modell auf bundesdeutschen Straßen, so daß sich um dieses Schwergewicht so manche Legende rankte.
Durch Beschränkungen der Besatzungsmächte in bezug auf Motorleistungen entschloß sich Krupp, zwei Motoren zusammenzukoppeln, um besonders hohe Leistungen zu erzielen. Im Falle des Titan waren sie jeweils als Dreizylinder-Zweitakter ausgebildet. Das Zweitakt-Prinzip hatte Krupp als einziger Lastwagenhersteller zur Serienreife entwickelt. Der Titan, der von 1950 bis 1954 gebaut wurde, hatte anfangs eine Leistung von 190, ab 1951 210 PS bei 1700 U/min und 8724 cm^3 Hubraum. Die Nutzlast lag bei 8 bis 11 t.
Das einzige restaurierte Exemplar, Besitzer ist Herr Hecker aus Warstein, soll auch in diesem Buch nicht fehlen; es ist auf der linken Seite zu sehen.
Der kleinere Bruder des Titan war der Mustang, ein Lkw für 6,5 t Nutzlast, der auf dem rechten Bild abgebildet ist. Er wurde in dieser Ausführung von 1951 bis 1955 gebaut und verfügte über ein Vierzylinder-Zweitaktaggregat mit 145 PS Leistung. Die Aufnahme dieses 1953 gebauten Lkws entstand im September 1983.

Güternahverkehr
Standort Eilensen
MI-04449

Walter Schmitt
Fuhrunternehmen
Bad Neustadt-S.
10,8 t
NES-H 971

1955 wurde das gesamte Krupp-Lastwagenprogramm überarbeitet. Die Modelle erhielten neugestaltete, abgeflachte und eckigere Motorhauben, die Motoren erfuhren Leistungssteigerungen und Krupp vollzog den Einstieg in neue Nutzlastklassen. Zu diesen neuen Modellen gehörte auch der 5-Tonner vom Typ Widder, der mit Unterbrechungen bis 1962 gebaut wurde und damit das letzte Haubenwagenmodell bei Krupp war, dessen Motorhaube sich noch an der alten, vom Titan stammenden Form ableitete. Diese letzte Version konnte 6 t Nutzlast befördern und verfügte über eine 126-PS-Maschine.

Das linke Bild zeigt einen Krupp Widder L 60 W 3 von 1959, der nach einer Leistung von über 1,6 Millionen Kilometern noch 1984 bei einem Fuhrunternehmer in Neustadt a. d. Saale im Einsatz stand. Gegenüberliegend der Elch L 70 E 3 mit 126 PS, der vor allem für den Baustellenbetrieb vorgesehen war, ebenfalls von 1959 mit einem niederländischen Aufbau. Das interessante Fahrzeug konnte im September 1987 bei Warstein fotografiert werden.

Zur Frankfurter Automobilausstellung 1959 überraschte Krupp die Fachwelt mit der Vorstellung der ersten Modelle einer völlig neugestalteten Generation von Haubenlastwagen und Frontlenkern. In der ersten Zeit wurden die neuen Lastkraftwagen noch mit den bei Krupp üblichen Zweitakt-Dieselmotoren angeboten. 1963 entschloß sich Krupp zur Abkehr vom Zweitakt-Verfahren und führte für das gesamte Programm in Lizenz gefertigte Viertakt-Cummins-Dieselmotoren ein. In diesen Ausführungen blieben die Krupp-Lastwagen bis zum Ende der Fertigung 1968 im Grundprinzip bestehen. Auf diesen Seiten sollen zwei aufwendig restaurierte Cummins-Krupp der Wuppertaler Spedition Höhlschen vorgestellt werden. Das linke Bild zeigt einen Krupp 1060 von 1963 in Exportausführung für 10 t Nutzlast, der von einem Achtzylinder-Cummins in V-Form angetrieben wurde. Die motortechnischen Daten lauten: 320 PS bei 2400 U/min und 13 400 cm^3 Hubraum. Aufnahmeort war Warstein im September 1987.

Ein AK 360 (Allradkipper) von 1966 präsentiert sich auf der rechten Seite. Das Fahrzeug hatte ein zulässiges Gesamtgewicht von 22 t, konnte 12 t Nutzlast befördern und war für harte Baustelleneinsätze konzipiert. Die mit viel Chrom verzierten Fahrzeuge entsprachen in dieser Ausführung allerdings nicht den Serienmodellen.

KRUPP
W-EH 666
Höhlschen
SPEDITION
WUPPERTAL
(0202) 461052

KRUPP
SW-E 822

Die neuen Krupp-Haubenlastwagen mit Cummins-Motoren waren als Solo-Fahrzeuge besonders in Baustellendiensten stark vertreten und zeichneten sich dort durch Robustheit und Zuverlässigkeit aus. Diese als Kipper mit Allradantrieb ausgebildeten Lastwagen gab es in verschiedenen Nutzlastklassen, wie z. B. den AK 760 links im Bild, der für 7 t Zuladung bei 14,6 t zulässigem Gesamtgewicht ausgelegt war. Das Modell verfügte über eine Sechszylinder-V-Maschine mit 186 PS Leistung bei 2600 U/min und 9570 cm^3 Hubraum. Das abgebildete Fahrzeug wurde 1964 gebaut und stand noch im Juli 1984 bei einem Schweinfurter Bauunternehmer im Baustelleneinsatz. Diese Firma verfügte – auch damals schon selten genug – über vier einsatzfähige Cummins-Hauber und einen Cummins-Frontlenker, für die der Firmenchef nur lobende Worte übrig hatte. Bemerkenswert auch die Frontplatte, die zur Anbringung eines Schneepflugs diente. Ein Jahr jünger, nämlich von 1965, war der rechts abgebildete Krupp AK 1060, ein Kipper für 10 t Nutzlast, der dem Autor im Mai 1984 bei Walldürn vor die Linse kam. Diesem Fahrzeug konnte man ebenfalls ansehen, daß es damals noch nicht zum alten Eisen gehörte.

Die neuen Krupp-Lastwagentypen mit Cummins-Motoren gab es – wie bereits erwähnt – auch in Frontlenkerausführungen. Sehr verbreitet waren die Versionen als Lastkraftwagen, Sattelzugmaschine (beide für den Fernverkehr mit vergrößerten Fahrerhäusern und Schlafeinrichtung) und als Kipper für die Bauwirtschaft. Das linke Bild zeigt einen Krupp KF 360 Kipper mit geteilter Frontscheibe. Das 1965 gebaute Fahrzeug konnte im November 1984 auf einer Baustelle in der Nähe von Magstadt bei Stuttgart fotografiert werden. Das 22 Tonnen schwere und mit einer 210-PS-Maschine motorisierte Fahrzeug befand sich in einem guten Pflegezustand und könnte möglicherweise auch heute noch im Dienst stehen. Ebenfalls 1984 im Einsatzdienst anzutreffen war der nebenstehend abgebildete Krupp KL 980 von 1965 in der Ausführung als Fernverkehrswagen. Eigentümer war damals ein Speditionsbetrieb aus dem Raum Offenbach. Kurze Zeit später erwarb ein Liebhaber das interessante Fahrzeug, der es von Grund auf überholte. Dieser Krupp ist gelegentlich auch auf Nutzfahrzeugtreffen zu sehen.

KRUPP
HERMANN KÖNIG
Ferntransporte
LANGEN b.Frankfurt
Tel. 22655
OF-VP 814

Emil Bölling
FAUN
Emil Bölling
Baumaterialien
Castrop-Rauxel
Ruf-Nr. 2652
RE-A 1950

Der Produktionsschwerpunkt des Nürnberger Lastwagenherstellers Faun lag auf dem Gebiet der Schwerlastwagen und Baustellenfahrzeuge. Mitte 1949 wurde der 6,5-Tonner L 7 Z vorgestellt, der von einem wassergekühlten 150-PS-Sechszylinder-Dieselmotor mit 13 538 cm³ Hubraum angetrieben wurde. Bereits 1950 wurde die Nutzlast des beladen 16 t wiegenden Lkws auf 7,5 bis 8 t gesteigert. Diesen Typ gab es in Ausführungen als Pritschenwagen, Sattelschlepper und Kipper. Letzterer, als Dreiseitenkipper ausgeführt, ist auf dem linken Bild zu sehen. Der 1950 gebaute Lastwagen stammt von einem Nürnberger Baubetrieb und war ursprünglich weinrot lackiert. 1981 erwarb ihn ein Fahrzeugsammler aus Castrop-Rauxel, der das Fahrzeug in der gelben Firmenfarbgebung restaurierte. Hier sehen wir den imposanten Kipper auf dem Warsteiner Fahrzeugtreffen 1983. 1950 erschien das Faun-Modell F 60 Sepp auf dem Markt. Der Deutz-Dieselmotor (sechs Zylinder) war luftgekühlt und leistete 130 PS bei 2250 U/min und 7983 cm³ Hubraum. Die Nutzlast des in beladenem Zustand 13,5 t schweren Fahrzeugs betrug ca. 7 t.

Rechts im Bild ein Sepp in der Ausführung als Kipper F 60 K, den ein Sammler aus Dinslaken sein eigen nennt. Hier sehen wir den Lkw noch im unrestaurierten Zustand.

Nach Kriegsende wurde auch in der damaligen Sowjetischen Besatzungszone, der heutigen DDR, der Lastwagenbau wieder aufgenommen. Bereits 1946 gab es den Halbfrontlenker Horch H 3, dessen Innenleben aus Maybach-Motor, Achsen und Getriebe bestand, die ursprünglich zum Einbau in Halbketten-Zugmaschinen der Wehrmacht vorgesehen waren. Der Sechszylinder-Vergasermotor leistete 100 PS bei 2000 U/min und 4198 cm^3 Hubraum. Mit einem Verbrauch von 40 Litern Benzin pro 100 km war der Motor recht durstig. Bis 1949 wurden fast 1000 dieser für 3 t Nutzlast bei 6,9 t zulässigem Gesamtgewicht ausgelegten Lastwagen gebaut. Das hier abgebildete Exemplar stand im Juni 1981 in Karl-Marx-Stadt (Chemnitz) noch im Einsatz.

Eine bemerkenswerte und vielversprechende Entwicklung war der bereits 1951 auf der Leipziger Frühjahrsmesse vorgestellte, von 1953 bis 58 produzierte Schwerlastwagen IFA 6, der für eine Nutzlast von 6,5 t ausgelegt war. Unter der bulligen Haube dieses soliden Lkw arbeitete ein Sechszylinder-Diesel mit 9036 cm^3 Hubraum, der 120 PS Leistung bei 2000 U/min erbrachte. Das zulässige Gesamtgewicht betrug mehr als 13 t. Anfang der achtziger Jahre waren diese Lastwagen, besonders als Pritschenwagen in der Bauwirtschaft, in der DDR noch recht häufig vertreten. Den Lastwagen hier im Bild erwischte der Autor im Juli 1981 auf einem Rastplatz in der Nähe von Riesa. Das Baujahr ist leider unbekannt.

Sehr große Verbreitung erfuhr der mittelschwere Lastkraftwagen Horch H 3 A in der DDR, der 1949 vorgestellt und ab 1950 produziert wurde. Der Lkw für anfangs 3, später 3,5 t Nutzlast, war das Nachfolgemodell des Typs H 3 und wurde bis 1956 hergestellt. Ein Vierzylinder-Dieselmotor mit 80 PS Leistung bei 2000 U/min und 6024 cm³ Hubraum brachte den H 3 A auf 60 km/h Höchstgeschwindigkeit. Das Fahrgestell des H 3 A wie auch des Nachfolgemodells S 4000-1 diente als Basis für die verschiedenartigsten Verwendungszwecke und Aufbauvarianten und war auch als Sattelzugmaschine erhältlich. Ab 1960 erschien die verbesserte Ausführung Horch S 4000-1 auf dem Markt. Die Motorleistung war auf 90 PS gesteigert worden und das Getriebe synchronisiert. Die Nutzlast betrug jetzt 4 t und mit 75 km/h war der S 4000-1 auch erheblich schneller als das Vormodell. Dieses Modell wurde bis 1967 gebaut und danach vom IFA W 50 Frontlenker abgelöst, dessen Produktion bereits ab 1965 aufgenommen worden war. Das linke Bild zeigt einen H 3 A von 1955; der nebenstehende Lkw mit Plane und Anhänger ist vom Typ S 4000-1. Letztgenannter Lastwagen wurde 1963 hergestellt. Beide Fahrzeuge konnte der Autor im Oktober 1984 in Berlin-Ost aufnehmen.

IH 31-15

Im Sommer 1985 unternahm der Autor seine erste ausgedehnte Schweiz-Rundreise, auf der er eine große Anzahl sehr gut erhaltener Schweizer Lastkraftwagen zu sehen bekam. Zu diesen Fahrzeugen zählte auch dieser Berna 2 U Kipper von 1948, den ein Sammler aus Zetzwil, im Norden des Landes, in mühevoller Kleinarbeit sprichwörtlich bis auf die letzte Schraube wieder in einen neuwertigen Zustand versetzt hatte. Der Kipper konnte 3,8 t Nutzlast befördern und wog beladen 8,5 t. Der Vierzylinder-Dieselmotor, der den Lastwagen auf 60 km/h beschleunigen konnte, hatte einen Rauminhalt von 5320 cm³ und leistete 65 PS. Das schöne Fahrzeug ist des öfteren auf Ausstellungen zu sehen.

Weniger bekannt als das Fahrzeug auf der linken Seite ist dieser Saurer 2 CR 1 D, hier in der Ausführung als Bierwagen der Brauerei Hochdorf AG, der auch leistungsmäßig mit dem Berna 2 U vergleichbar ist. Der 1952 gebaute Lastwagen war noch in den siebziger Jahren bei der Brauerei im Einsatz und wird nun als Museumsfahrzeug für besondere Anlässe bereitgehalten. Zum Fotografieren mußte der Wagen allerdings herausgeschleppt werden. Der Typ konnte bei einem Leergewicht von 4 t eine Nutzlast von 4,6 t aufnehmen und war mit einem Vierzylinder-Dieselmotor von 68 PS ausgerüstet. Die Höchstgeschwindigkeit lag bei knapp 60 km/h.

Bei der Spedition Friedrich Blaser in Hasle-Rügsau bei Bern war der Autor im Sommer 1985 besonders erfolgreich. Der Juniorchef war selbst an alten Nutzfahrzeugen sehr stark interessiert und besaß eine umfangreiche Fahrzeugsammlung von rund 15 Wagen, die er – soweit technisch möglich – gerne vorführte. Die meisten Objekte waren glücklicherweise fahrbereit und konnten ins Freie gefahren werden. Hier präsentiert sich ein Saurer V 2 C Kipper von 1955, damals ein weitverbreitetes Modell in der Schweiz, der Kamera. Dieser Typ hatte ein zulässiges Gesamtgewicht von 9,5 t und war mit einer Vierzylindermaschine von 120 PS Leistung bestückt.

Am Anfang dieses Bildbandes waren uns einige Oldtimer der Brauerei Schützengarten St. Gallen bereits begegnet. Als der Autor im Begriff stand, nach Beendigung des Fototermins das Firmengelände zu verlassen, fuhr völlig überraschend der hier abgebildete Saurer L 4 C Lkw auf den Hof, um neue Ladung zu übernehmen. Dieses besonders bullig wirkende Modell hatte eine 120-PS-Maschine (sechs Zylinder) von 8700 cm^3 Hubraum und war bereits 1948 gebaut worden. Das Fahrzeug befand sich in einem hervorragenden Erhaltungs- und Pflegezustand und stand mit seinen 37 Jahren immer noch im Einsatz – bei uns wäre dies wohl unmöglich!

Lastkraftwagen in Frontlenkerbauweise konnten sich im Ausland weitaus früher als in Deutschland durchsetzen. Während man in Deutschland in den dreißiger Jahren noch fast vollständig an Haubenkonstruktionen festhielt, bestand ein größerer Teil der Lkw-Produktionen Englands, Frankreichs, Italiens und auch anderer Länder schon aus Frontlenkern. Auch in der Nachkriegszeit setzte sich diese Entwicklung fort. In den fünfziger Jahren wurden in der Schweiz Hauber und Frontlenker gleichzeitig angeboten. Der links abgebildete Berna Lastwagen vom Typ 5 U 545 H 5-H wurde im Fernverkehr eingesetzt und 1960 gebaut. Er war mit einem 175 PS starken V-8-Dieselmotor bestückt, gehört zur Oldtimerfahrzeugsammlung der Firma Blaser aus Hasle-Rügsau und wurde im Sommer 1985 fotografiert. Ein Jahr später, auf seiner zweiten Schweiz-Reise, erwischte der Autor den noch im Einsatz befindlichen Berna 5 U 550 T 2 H von 1959, der auf der rechten Seite zu sehen ist. Der Lastwagen wies eine Leistung von 125 PS auf und wog 16 t bei voller Zuladung. Er konnte eine Höchstgeschwindigkeit von 70 km/h erreichen.

BERNA
AG-124497

FREIW. FEUERWEHR
DES MARKTES
ALTMÜNSTER
KHD
RÜST
O-223.922

Eine ähnlich weite Verbreitung wie in Deutschland die Mercedes-Benz L 3500/L 311-Typen erfuhren in Österreich die Lastkraftwagen der Marke Steyr, die in großen Stückzahlen gebaut wurden. Da sich diese Haubenlastwagen sogar bis Ende der sechziger Jahre (für den Export noch länger) in der Produktion befanden, waren sie auch Mitte der achtziger Jahre in Österreich noch recht weit verbreitet und im Straßenbild anzutreffen. Im Bild links ein 1965 gebauter handelsüblicher Steyr 480 Lastkraftwagen, der durch Anbringung einiger Ausrüstungsgegenstände zu einem Rüstwagen der Freiwilligen Feuerwehr Altmünster umgestaltet wurde. Das Fahrzeug war mit verschiedenem feuerwehrtechnischen Gerät beladen. Bestückt mit einem Vierzylinder-Diesel mit 90 PS Leistung wog der Lkw beladen 8,8 t. Auf der rechten Seite ein Steyr 380 von 1966, dessen Fahrerhaus als Doppelkabine ausgeführt worden war. Der 85 PS starke Lastwagen verfügte über einen Ladekran, dessen Bedienungselemente auf der Beifahrerseite hinter der Kabine angeordnet waren. Beide Fahrzeuge wurden im Frühjahr 1984 fotografiert.

Als der Autor im April 1985 die Stadt Leoben in Österreich besuchte, standen bei der dortigen Stadtverwaltung noch eine ganze Reihe älterer Kommunalfahrzeuge im Dienst. Hierzu zählte auch der links abgebildete Steyr 586 Kipper von 1965, der mit einer Stahlplatte zur Anbringung eines Schneepfluges ausgerüstet war. Das Fahrzeug konnte eine Nutzlast von 6,5 t befördern und wog mit voller Zuladung 11,5 t. Die Motorisierung des 85 km/h schnellen Lastkraftwagens war mit einem Sechszylinder-Diesel von 120 PS bei 2800 U/min und 5975 cm^3 Hubraum angemessen. Auf der gegenüberliegenden Seite die Abbildung eines Steyr 480 Lkw von 1959, der etwas leichteren Version des Typs 586, der über einen Vierzylinder-Dieselmotor mit 90 PS Leistung bei 2400 U/min und 5300 cm^3 Hubraum verfügte. Das zulässige Gesamtgewicht betrug 8,8 t bei rund 4 t Nutzlast. Der Lkw begegnete dem Autor in einer kleinen Ortschaft in der Steiermark.

AUSTRIA TABAK
DRUmetall
gitterroste
stahltüren
kellerfenster
St 2.861
STERNWIRT

TRANSPORTE
F. WIDHALM
TELEFON 07435/2453
Saurer
Diesel
L 13.430

Neben der Firma Steyr war Saurer ein weiterer bedeutender Lastwagenhersteller Österreichs, der das Hauptgewicht seines Angebots auf die schwereren Nutzlastklassen legte. Diese Firma darf nicht mit dem namensgleichen Schweizer Unternehmen verwechselt werden. Mitte der achtziger Jahre waren diese Typen – im Gegensatz zu den leichteren Steyr-Lastwagen – schon nicht mehr sehr häufig im österreichischen Straßenverkehr anzutreffen. Im April 1984 konnte der Autor die auf diesen beiden Seiten abgebildeten Saurer-Lastwagen fotografieren. Der Lkw links im Bild – ein Saurer vom Typ 7 Gf – gehörte einem älteren Fuhrunternehmer aus St. Valentin bei Linz, der den Wagen noch täglich einsetzte. Er war für 9 t Nutzlast ausgelegt, verfügte über einen Sechszylinder-Dieselmotor mit 150 PS Leistung und wurde 1961 gebaut. Gegenüber ein etwas leichterer Saurer 6 Gf für 8 t Nutzlast, der ein 130 PS starkes Antriebsaggregat unter der Motorhaube hatte. Der 1958 gebaute Lastwagen verrichtete bei einem Edelstahlwerk in Waidhofen a. d. Ybbs seinen Dienst.

1985 waren die österreichischen Saurertypen schon sehr rar geworden und im Alltagsbild der Straßen nur noch sehr selten anzutreffen. Im Frühjahr des Jahres wurde der Autor nochmals in einem großen Holzverarbeitungsbetrieb bei Leoben fündig. Dieser 1960 gebaute und nur noch im internen Werksverkehr zum Transport von Holzabfällen eingesetzte Lastkraftwagen konnte nur mit sehr viel Glück und durch Vermittlung des Gerätewartes der örtlichen Feuerwehr fotografiert werden. Bevor der Saurer 7 Gf auf dem Film festgehalten wurde, mußte man ihn von einer dicken Schicht Sägespäne befreien.

Die Firma ÖAF (Österreichische Automobilfabriks-AG Wien) war ein weiterer, sehr bedeutender Hersteller von Lastkraftwagen, der eng mit MAN zusammenarbeitete. Bis weit in die siebziger Jahre hinein wurden die eindrucksvollen Fahrzeuge mit der kurzen und gedrungenen Haube hergestellt. Sie waren deshalb Mitte der achtziger Jahre auch noch relativ häufig im Straßenverkehr zu beobachten. Im April 1984 wurde dieser ÖAF 940 Pritschenwagen in Korneuburg bei Wien fotografiert. Der Sechszylinder-Diesel leistete 160 PS bei 2100 U/min und 9186 cm³ Hubraum. Der Lkw, der mit einer Frontplatte zur Anbringung einer Schneeräumeinrichtung ausgerüstet war, dürfte Mitte der sechziger Jahre gebaut worden sein.

Die robusten ÖAF-Lastwagen waren besonders stark im Solobetrieb, hier vor allem als Kipper im Baustellenbereich, vertreten. Bekannt wurden die »Tornado«-Typen, die es in verschiedenen Leistungsstufen und Nutzlastklassen gab. Hier macht sich ein ÖAF-Tornado-Kipper vom Typ 16-192 im Oktober 1979 beim Straßenbau in Steyr nützlich. Der Lastwagen war mit einem Sechszylinder-Diesel von 192 PS Leistung ausgerüstet und kam mit voller Beladung auf ein zulässiges Gesamtgewicht von 16 t.